Warum Alltagsgeschichte der DDR?

Der „Alltag" steht für das sich alltäglich Wiederholende und Regelmäßige im gewöhnlichen Leben, wozu auch Feiertage oder Feste gehören. Typische Themen der Alltagsgeschichte sind demnach die Arbeit, die Ernährung, die Freizeit (Urlaub), die typischen Feste einer Kultur u. v. m. Daraus ergibt sich leicht eine Brücke zur Sozialgeschichte, wenn die Lebensumstände spezieller Gruppen oder Schichten von der Führungsklasse bis zu sozialen Außenseitern beschrieben und erklärt werden. Dagegen befasst sich die politische Geschichte traditionell mit Machtverhältnissen und Konflikten, einflussreichen Personen und wichtigen Aktionen. Lange Zeit standen sich diese Sichtweisen auf eine Gesellschaft fremd gegenüber.

Doch in modernen Gesellschaften sind politische Strategien nur vor dem Hintergrund der Erwartungen und Gewohnheiten der Menschen zu verstehen, in deren Namen sie verfolgt werden. Eine Führung muss sich ihrer Gefolgschaft in Wahlen und Abstimmungen immer neu versichern, wenn sie Loyalität erreichen will. Selbst in Diktaturen ist die öffentliche Meinung wichtig, um das politische System zumindest scheinbar zu legitimieren. Deswegen legen „moderne Diktaturen" größten Wert auf eine effektive Propaganda in jeder Form, auf umfassende Zensur der Medien im Hintergrund und auf ein Monopol im Erziehungsbereich, damit sie die nachwachsende Generation für die erwünschten Werte vereinnahmen können. Dafür nutzen sie die Methoden moderner Technik und Psychologie.

Die 1949 gegründete DDR war nach ihrem Selbstverständnis bis zur Friedlichen Revolution 1989/90 eine *„Diktatur des Proletariats"*. Ihr politisches System war der *demokratische Zentralismus*, der die alleinige Macht der SED sicherte, ohne freie Wahlen und freie politische Aktivität im Volk. Wissenschaftlich gibt es keinen Zweifel daran, dass die DDR eine politische Diktatur war. Trotzdem leugnen oder relativieren manche, die dort gelebt haben, diesen Charakter bis heute, weil sie z. B. den individuellen Alltag nicht als diktatorisch gesteuert empfunden haben und vorgeben, auch in „westlichen" Gesellschaften seien viele Anpassungen notwendig und Unfreiheiten spürbar. Viele vergleichen ihr Leben in den beiden erlebten Epochen deutscher Geschichte und beurteilen ihren Alltag vor und nach der „Wende". Dahinter steckt auch oft ein Unbehagen, das Leben in der DDR werde durch heutige Darstellungen „verzerrt" oder Lebensleistungen würden gar „entwertet". Beides kann keine Absicht im Unterricht zur DDR-Geschichte sein, die heutige Demokratieerziehung muss aber darauf bestehen, dass die demokratischen Grundwerte und Standards in der DDR nicht gewahrt wurden, und kann dies auch in der nur scheinbar „harmlosen" Alltagsgeschichte aufzeigen.

So umfassend der staatliche Anspruch im DDR-Sozialismus wirkt, so wenig darf er für die volle Realität gehalten werden. Individuell wurden private Freiräume und Nischen gesucht, vor denen der Staat vielfach kapitulierte: z. B. in den 1980er Jahren stillschweigend vor der abendlichen „Auswanderung" ins Westfernsehen. In der Schule aber hielten die Kinder darüber den Mund. Eine rigide Arbeitsmoral konnte gegen die in der Propaganda glorifizierten „Werktätigen" nicht durchgesetzt werden, die auf eigene Festlegungen bestanden und informelle Arrangements mit der Führung trafen. Historiker wie *Jürgen Kocka* bezeichnen die DDR als *„durchherrschte Gesellschaft"*, um den umfassenden Anspruch des Staates auf Zugriff in jeglichen Bereich zu kennzeichnen, der allerdings in 40 Jahren nicht durchzusetzen war. Teilweise musste Loyalität durch soziale Fürsorge (Wohnungsbau) sogar teuer erkauft werden (*Konrad Jarausch* „Fürsorgediktatur"). *Thomas Lindenberger* akzentuierte die DDR als *„Diktatur der Grenzen"* in der Hinsicht, als dass der Staat die Bürger zwang, bestimmte Grenzen nicht zu überschreiten, ihnen aber zugestand, den Freiraum davor auszugestalten. So blieben vielfach ältere Wertesysteme oder die alltagskulturelle Orientierung am nichtsozialistischen Westen bestehen, zu dem ohnehin ständige Vergleiche gezogen wurden.

Didaktische und methodische Überlegungen

Die politische Geschichte der DDR sollte im Geschichtsunterricht durch die Alltagsgeschichte erweitert werden, um den widersprüchlichen Zusammenhang diktatorischer Herrschaft mit den Alltagserfahrungen ihrer Bewohner einzuschätzen. In der DDR herrschte eine besondere Mentalität, um sich die „Mängel des Sozialismus" erträglich zu machen. Erst, als dies Ende der 1980er Jahre nicht mehr funktionierte, wankte die Allmacht der SED, deren Sturz lange als unvorstellbar galt.

Die Lehrkräfte haben es inzwischen mit einer Schülergeneration zu tun, die auch in Ostdeutschland keine direkte Erfahrung mehr aus der DDR-Zeit hat. Bereits ihre Eltern haben sie oft nicht mehr intensiv erlebt und können darüber wenig aus eigener Erfahrung erzählen. Noch sichtbare Hinterlassenschaften verschwinden immer mehr, wenn etwa Modernisierungen die Plattenbauten im Osten den Hochhäusern im Westen angleichen. Die Sprache der Jugendlichen lässt sich nicht mehr nach Ost und West unterscheiden, obgleich z. B. in den Straßennamen („Ernst-Thälmann") noch typische Traditionen bestehen. Manche Formen der „Ostalgie" sind noch zu greifen. Dazu zählen die Treffen von Trabifahrern und Besitzern von Motorrädern der Marke MZ oder weniger harmlose „Veteranentreffen" von Stasi-Mitarbeitern oder übriggebliebener SED-Anhänger. Besonders in den entvölkerten Agrarregionen im Osten hört man häufiger vom früheren „größeren Zusammenhalt". Einen relevanten Wunsch „zurück in die DDR" gibt es dagegen nicht mehr, weil die westliche Lebensform mit hoher Konsumqualität und Mobilität diesen wohl definitiv zurückgedrängt hat.

Vor allem in der Mentalität begegnen aber weiter innerdeutsche Unterschiede, die in der Prägung durch die älteren Generationen entstanden sind, die ihre Erfahrungen aus der DDR-Epoche oder aus der Nachwendezeit weitergegeben haben. Zu diesen mentalen Differenzen gehören die Präferenzen im Bildungssystem (1, 2, 7), die Sichtweise auf Religion und Lebensfeste (3), die Stellung der Mütter im Erwerbsleben (2, 6), der Umgang mit Reisen (4, 5) und Migration, mit wirtschaftlichem Mangel (5), die Parteienskepsis und geringe Aktivität in politischen Verbänden (5). Diese Nachwirkungen sind ein wichtiger Grund, warum die DDR-Geschichte weiter ein unerlässlicher Unterrichtsgegenstand in ganz Deutschland ist, die ohne einen Blick auf den Alltag aber oft unverständlich bleibt.

Problematisch sind aber Aussagen, dass Demokratie und Rechtsstaat zugunsten autoritärer Machtformen für verzichtbar gehalten werden oder dass die Demokratie sowie Meinungsfreiheit in der Bundesrepublik gar nicht vorhanden seien. Hier bietet es sich an, anhand der DDR-Geschichte darüber aufzuklären, wie die Zensur täglich im Alltag zugreifen konnte (1, 9), wie harmlose Aktionen oder Äußerungen zu Sanktionen führten (6). In der Erziehung (1, 2, 7) lässt sich der hohe Konformitätsdruck verfolgen. Besonders für Jugendliche ist der regulierende (Rückzug in eine „Nische") und der feindselige Umgang mit denjenigen, die sich der „sozialistischen Lebensweise" (8) entzogen, dafür erhellend, was Toleranz oder Pluralität in einer „durchherrschten" Gesellschaft (10) hießen.

Für den Unterricht entscheidend sind verständliche, inhaltlich attraktive Materialien in unterschiedlichen Schwierigkeitsgraden und Formaten: Textquellen, Fotos, Plakate u. v. m. Historische Darstellungen bieten theoretische Einordnungen an, die reflektiert werden können. Kapitel 8 bis 10 sind eher für die Qualifikationsstufe geeignet, daher wird in den Arbeitsaufträgen das Sie verwendet.

Als Klausurgrundlage für eine Jahrgangsstufe in der Oberstufe eignen sich besonders die Texte in den Kapiteln 8 und 10.

Empfehlenswert ist darüber hinaus ein Besuch in einem Museum, das sich kritisch! dem DDR-Alltag widmet. Dazu gibt es immer wieder lokale Ausstellungen mit wechselnden Bezügen. In integrierter Form gibt es Angebote in den großen Museen:

- Deutsches Historisches Museum, Berlin
- Haus der Geschichte der Bundesrepublik Deutschland, Bonn und Leipzig

Beide Einrichtungen (zusammen mit dem Bundesarchiv) stehen online zur Verfügung: Lebendiges Museum Online, LeMO (www.https://www.dhm.de/lemo/).

Besonders geeignete Dauerausstellungen zur Alltagsgeschichte der DDR sind:

- „Dokumentationszentrum Alltagskultur der DDR" in Eisenhüttenstadt,
- „DDR-Museum" in Berlin,
- Dauerausstellung „Alltag in der DDR" im Museum in der Kulturbrauerei (Haus der Geschichte der Bundesrepublik Deutschland, Berlin).

M1 Mitgliedskarte für Jungpioniere

Die Pioniere der 1. bis 4. Schulklasse gehörten zu den Jungpionieren und trugen zu besonderen Anlässen blaue Halstücher. „Die Gebote" wurden als moralische Grundlage gelehrt.

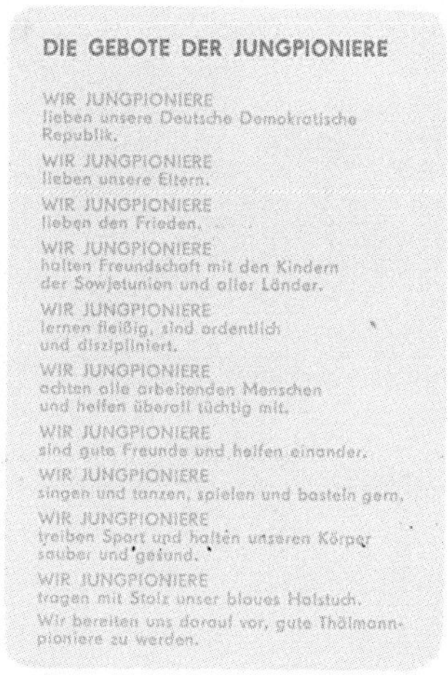

DIE GEBOTE DER JUNGPIONIERE

WIR JUNGPIONIERE lieben unsere Deutsche Demokratische Republik.
WIR JUNGPIONIERE lieben unsere Eltern.
WIR JUNGPIONIERE lieben den Frieden.
WIR JUNGPIONIERE halten Freundschaft mit den Kindern der Sowjetunion und aller Länder.
WIR JUNGPIONIERE lernen fleißig, sind ordentlich und diszipliniert.
WIR JUNGPIONIERE achten alle arbeitenden Menschen und helfen überall tüchtig mit.
WIR JUNGPIONIERE sind gute Freunde und helfen einander.
WIR JUNGPIONIERE singen und tanzen, spielen und basteln gern.
WIR JUNGPIONIERE treiben Sport und halten unseren Körper sauber und gesund.
WIR JUNGPIONIERE tragen mit Stolz unser blaues Halstuch.
Wir bereiten uns darauf vor, gute Thälmannpioniere zu werden.

WIR JUNGPIONIERE ...
... lieben unsere Deutsche Demokratische Republik.
... lieben unsere Eltern.
... lieben den Frieden.
... halten Freundschaft mit den Kindern der Sowjetunion und allen Ländern.
... lernen fleißig, sind ordentlich und diszipliniert.
... achten alle arbeitenden Menschen und helfen überall tüchtig mit.
... sind gute Freunde und helfen einander.
... singen und tanzen, spielen und basteln gern.
... treiben Sport und halten unsere Körper sauber und gesund.
... tragen mit Stolz unser blaues Halstuch.
Wir bereiten uns darauf vor, gute Thälmannpioniere zu werden

M2 Die Gesetze der Thälmannpioniere

Die Pioniere der 4.–7./8. Klasse wurden Thälmann-Pioniere genannt. Ernst Thälmann war ein KPD-Vorsitzender in der Weimarer Republik, der 1944 durch den NS-Terror ermordet worden ist.

Wir Thälmannpioniere ...
... lieben unser sozialistisches Vaterland, die Deutsche Demokratische Republik.
... tragen mit Stolz unser rotes Halstuch und halten es in Ehren.
... lieben und achten unsere Eltern.
... lieben und schützen den Frieden und hassen die Kriegstreiber.
... sind Freunde der Sowjetunion und aller sozialistischen Brudervölker und halten Freundschaft mit allen Kindern der Welt.
... lernen fleißig, sind ordentlich und diszipliniert.
... lieben die Arbeit, achten jede Arbeit und alle arbeitenden Menschen.
... lieben die Wahrheit, sind zuverlässig und einander freund.
... machen uns mit der Technik vertraut, erforschen die Naturgesetze und lernen die Schätze der Kultur kennen.
... halten unseren Körper sauber und gesund, treiben regelmäßig Sport und sind fröhlich.
... bereiten und darauf vor, gute Mitglieder der Freien Deutschen Jugend zu werden.

1. Vergleicht die Gebote und Gesetze miteinander. Erschließt daraus die Ziele der Erziehung insgesamt.
2. Schätzt ein, wieweit heutige Anforderungen an Kinder damit übereinstimmen und welche Anforderungen nur in der DDR einen Sinn machten.
3. Bewertet die Attraktivität der Regeln auf euch. Diskutiert dies am Beispiel des verbotenen Schauens von „Westfernsehen".

M3 Aus dem Jugendgesetz der DDR (1974)

Mit 14 Jahren konnte die Aufnahme in den Jugendverband Freie Deutsche Jugend (FDJ) beantragt werden, der die führende Rolle der SED im Programm verankert hatte. Die Mitgliedschaft dauerte normalerweise bis zum 25. Lebensjahr. Die FDJ betrieb Jugendklubs, Ferienanlagen, ein Reisebüro, Freizeitzirkel u. v. m. In den 1980er Jahren waren über 90 Prozent aller Jugendlichen Mitglied.

Gesetz über die Teilnahme der Jugend der DDR an der Gestaltung der entwickelten sozialistischen Gesellschaft und über ihre allseitige Förderung in der DDR

§ 1.

(1) Vorrangige Aufgabe bei der Gestaltung der entwickelten sozialistischen Gesellschaft ist es, alle jungen Menschen zu Staatsbürgern zu erziehen, die den Ideen des Sozialismus treu ergeben sind, als Patrioten und Internationalisten denken und handeln, den Sozialismus stärken und gegen alle Feinde zuverlässig schützen. Die Jugend trägt selbst hohe Verantwortung für ihre Entwicklung zu sozialistischen Persönlichkeiten.

(2) Aufgabe jedes jungen Bürgers ist es, auf sozialistische Art zu arbeiten, zu lernen und zu leben, selbstlos und beharrlich zum Wohle seines sozialistischen Vaterlandes – der Deutschen Demokratischen Republik – zu handeln, den Freundschaftsbund mit der Sowjetunion und den anderen sozialistischen Bruderländern zu stärken und für die allseitige Zusammenarbeit der sozialistischen Staatengemeinschaft zu wirken. Es ist ehrenvolle Pflicht der Jugend, die revolutionären Traditionen der Arbeiterklasse und die Errungenschaften des Sozialismus zu achten und zu verteidigen, sich für Frieden und Völkerfreundschaft einzusetzen und antiimperialistische Solidarität zu üben. [...]

M4 Motive für die FDJ-Mitgliedschaft

In einer Jugendstudie wurde 1991 nach den Motiven gefragt, in die FDJ einzutreten (Mehrfachnennungen möglich):

1. Weil es für die schulische und berufliche Entwicklung nötig war.	76,0 %
2. Weil fast alle Mitglied waren.	62,5 %
3. Weil ich keinen Ärger wollte.	59,9 %
4. Weil ich unter Gleichaltrigen war.	44,9 %
5. Weil hier eine interessante Freizeitgestaltung möglich war.	30,4 %
6. Weil die FDJ meine Interessen vertrag.	29,5 %
7. Weil interessante politische Diskussionen möglich waren.	20,6 %

Nach: Zilch, Dorle: Die FDJ-Mitgliederzahlen und -Strukturen. In: Jugend '92, Jugendwerk der Deutschen Shell, Bd. 3, Die neuen Länder. Wiesbaden

1. Recherchiert und erklärt in M3 die Begriffe: Ideen des Sozialismus, Internationalist, Traditionen der Arbeiterklasse, antiimperialistische Solidarität.
2. Untersucht M3 und M4 auf die Ziele des Staates sowie die genannten Motive der Mitglieder. Zieht daraus eine politische Bilanz der FDJ-Arbeit.
3. Wägt ab, inwieweit die in der Studie gesammelten Aussagen 1991 anders ausgefallen sein könnten als vor 1989.
4. Die FDJ-Mitgliedschaft war nicht Pflicht, aber üblich. Erläutert die genannten Motive in M4 und diskutiert die möglichen Probleme im Falle eines Nichteintritts.

M1 Der Alltag einer typischen DDR-Familie

Zwei Sozialwissenschaftler haben nachträglich das Modell einer typischen DDR-Familie skizziert, deren Mitglieder zwischen 30 und 40 Jahre alt und in der DDR aufgewachsen sind (1992):

Beide Ehegatten, Mann und Frau, verfügten über eine abgeschlossene Berufsausbildung und waren vollzeitberufstätig, das hieß in der DDR 43 3/4 Stunden pro Woche an fünf Wochentagen zu arbeiten. In der Regel hatte die Familie zwei Kinder, die beide ganztägig in Kindereinrichtungen (Kinderkrippe, Kindergarten, Hort) betreut wurden. Zum Betrieb kamen sie mit dem Betriebsberufsverkehr, dem öffentlichen Nahverkehr oder dem Trabi. Alle Familienmitglieder nahmen eine warme Mittagsmahlzeit ein, die staatlich und betrieblich (durch subventionierte Lebensmittelpreise bzw. durch Stützung des Betriebsessens durch den betrieblichen Kultur- und Sozialfonds) für ein geringes Entgelt zu erhalten war (meist unter einer Mark je Mahlzeit; für Drei-Schicht-Arbeiter war sie kostenlos).

Die Familie hatte eine eher durchschnittliche Wohnung, deren Komfort gering war und deren Einrichtung mit einem bis 7000 Mark zinslosen Ehekredit finanziert wurde. Bei der Geburt von Kindern erfolgte ein Kreditерlass (bei der Geburt des ersten Kindes 1000 Mark, bei der Geburt des zweiten Kindes weitere 1500 Mark; bei der Geburt des dritten Kindes schließlich 2500 Mark). In der Regel verfügte die Wohnung über warmes Wasser, nicht jedoch über ein Telefon. Viele Familien hatten ein in der DDR produziertes Auto und verbrachten ihre Wochenenden auf der „Datsche", im Schrebergarten.

Die Kinder waren größtenteils Wunschkinder und wurden innerhalb sehr weniger Jahre bald nach der Eheschließung geboren. Mindestens einmal im Jahr fuhren die Kinder ins Pionier- oder Betriebsferienlager oder besuchten die Ferienspiele der Schule. Die Familie machte in der DDR oder im „sozialistischen Ausland", privat oder über den betrieblichen und FDGB [Gewerkschaftsbund]-Feriendienst organisiert, Urlaub.

Bast, Kerstin/Ostner, Ilona: Ehe und Familie in der Sozialpolitik der DDR und BRD – ein Vergleich. In: Schmäh, Winfried (Hg.): Sozialpolitik im Prozess der deutschen Vereinigung. Frankfurt/M./New York 1992, S. 235 f.

1. Stelle die Maßnahmen zugunsten von Familien in der DDR zusammen. Arbeite Abweichungen zu dem heraus, was heute üblich ist.
2. Diskutiert, a) inwieweit es Familien besser oder schlechter gegangen ist; b) ob es etwas gegeben hat, das in die heutige Gesellschaft noch passen könnte.

M2 Kirchliche Heirat als SED-Mitglied?

Ein Arbeiter und SED-Mitglied erzählt nach 1990 in einem Geschichtsprojekt von seiner Eheschließung 1955:

[...] außerdem gehöre ich zu den Menschen, die sich in persönliche Dinge nicht reinreden lassen. Das hat mit meinem Genosse-Sein gar nichts zu tun. Ich meine: Diese Familie war eine traditionelle katholische Familie, nicht eine, die jeden Sonntag in die Kirche springt und dem Pfarrer die Füße küsst. Sie war so, wie es bei uns zu Hause war: anständige, brave, gute Menschen. Also das hätte mir ja leid getan, wenn ich den Eltern hätte sagen müssen: Nee, das machen wir nicht. Um Gottes Willen! Die Schwester hat nämlich nicht kirchlich geheiratet, der Bräutigam war FDJ-Kreissekretär. Ich habe mir gesagt, dass ich das meinen Eltern und meinen Schwiegereltern und der ganzen Verwandtschaft schuldig bin. Wir haben dann ein großes Fest gefeiert [...] eine tadellose Hochzeit gefeiert. Und alle die Leute kamen, die Taufpaten, wie die traditionelle Hochzeit so war, und die waren ja so froh, dass wir uns alle auch mal wieder sehen konnten. Ich bin heute richtig froh, dass wir diesen Leuten noch einmal das Vergnügen machten [...] Ich hab's drauf ankommen lassen. 1955 ging das noch. Später wäre es vielleicht schlechter gewesen.

Aus: Ahbe, Thomas/Hofmann, Michael: „Eigentlich unsere beste Zeit". Erinnerungen an den DDR-Alltag in verschiedenen Milieus. In: Aus Politik und Zeitgeschichte B17, 2002, S. 13–22

1. Zeige die Probleme auf, die sich vor der Heirat stellten, und die Faktoren, die eine Rolle bei der Entscheidung spielten.
2. Charakterisiere die Werte, die für die Entscheidung einbezogen wurden.
3. Im letzten Satz wird eine Entwicklung in der DDR angedeutet: Erkläre die Vermutung des Arbeiters.

M3 Kinderkriegen

Aus einer historischen Darstellung der DDR-Alltagsgeschichte:

Tendenziell bekamen die Frauen relativ jung ihr erstes Kind, die Mehrzahl zwischen dem 20. und 25. Lebensjahr. Dies hing mit der allgemeinen Orientierung auf eine Vereinbarkeit von Kindern und Beruf zusammen. Trotzdem deutete sich in den achtziger Jahren eine Erhöhung des Durchschnittsalters der Mütter an. Es stieg im Zeitraum von 1970 bis 1989 bezogen auf das erste Kind um ein Jahr, bezogen auf das zweite Kind um vier Monate. Das Durchschnittsalter der Mütter betrug im letzten Jahr der DDR beim ersten Kind 22,9, beim zweiten 26,3 und beim dritten Kind 29,3 Jahre. [Werte für die BRD 1989: 26,8 – 28,8 – 30,6 Jahre; erg. U.B.] Dagegen verstärkte sich interessanterweise in den achtziger Jahren der Trend zum Zweit-, Dritt- und sogar Viertkind. Dabei handelte es sich um ein in anderen Industriestaaten nicht zu beobachtendes Spezifikum der DDR. Wahrscheinlich hing dieser Trend mit dem Rückzug ins „private Glück" zusammen, vielleicht auch mit der Tatsache, dass wirtschaftliche Erwägungen – etwa die künftige Finanzierung der Ausbildung – bei der Entscheidung für mehrere Kinder kaum eine Rolle spielten. [...]

Die Kindereinrichtungen wurden flächendeckend ausgebaut. Obwohl es im Einzelfall immer wieder Schwierigkeiten gab, verwirklichte die DDR eine ausreichende Versorgung mit Krippen-, Hort- und Kindergartenplätzen. Der Anteil der Kinder, die eine Krippe besuchten, stieg kontinuierlich an, erreichte 1986 einen Höchststand von 81,1 Prozent und lag drei Jahre später immer noch bei 80,2 Prozent. Noch mehr Kinder besuchten den Kindergarten, dessen Betreuungsrate durchgängig bei deutlich über 90 Prozent lag und 1989 mit 95,1 Prozent den Höchststand erreichte. Von der ersten bis zur vierten Klasse nutzten etwa 80 Prozent der Schüler den Schulhort.

Ein deutlicher Mentalitätswandel vollzog sich in der DDR bezüglich so genannter unehelicher Geburten [...] Unverheiratete Paare waren in den siebziger und achtziger Jahre trotz der ausdrücklichen Förderung junger Ehen längst schon selbstverständlich geworden. Das Aufwachsen vieler Kinder bei nur einem Elternteil – in der Regel bei der Mutter – erregte keine sittliche Empörung mehr. In diesen Fragen verlief die Modernisierung der Moralvorstellungen problemloser als in der Bundesrepublik.

Wolle, Stefan: Die heile Welt der Diktatur. Alltag und Herrschaft in der DDR 1971–1989. Berlin 1988, S. 234, 236

1. Fasse die Textabschnitte in Kernaussagen/Überschriften zusammen.
2. Der Autor hebt ein Spezifikum und einen Mentalitätswandel in der DDR hervor. Erläutere die angegebenen Gründe für die DDR und die abweichende Situation in der BRD.
3. Die DDR litt an zu wenigen Arbeitskräften. Beurteile diesen Faktor als möglichen Grund für die Mütter- und Kinderpolitik der DDR.

M4 Familienporträt

Der Fotograf Christian Borchert hat in einem Zyklus „Ganz in Familie" viele DDR-Familien in ihren Wohnräumen dokumentiert.

Familie W. (Transportpolizist, Monteurerin), Berlin-Pankow, 1983. Foto: SLUB Dresden/Deutsche Fotothek/Christian Borchert

1. Beschreibe das Bild und untersuche es mithilfe der Angaben als Zeitdokument der 1980er Jahre auf typische Merkmale.

M1 Jugendweihe – ein Initiationsritual (Berlin, 1989)

Bundesarchiv, Bild 183-1989-0325-009, CC-BY-SA 3.0

M2 Jugendweihe – ein autobiografischer Rückblick von Claudia Rusch (2003)

Die Jugendweihe war das abschließende und am heißesten erwartete Ereignis einer DDR-Kindheit. Sie bedeutete die feierliche Aufnahme der Vierzehnjährigen in den Kreis der Erwachsenen. Zeitgleich bekam man seinen Personalausweis, trat in die FDJ ein und wurde fürderhin von den Lehrern im Unterricht gesiezt. Ein bedeutsamer Moment also.

Da die Deutschen wissen, wie man Feste so feiert, wurden die jungen Leute hierfür in Sonntagskleider gesteckt, bekamen teure Geschenke und durften sich später unter der Aufsicht von Mutti und Vati zum ersten Mal richtig betrinken. Bis zur bitteren Neige: Jugendweihegeschichten endeten meistens auf dem Klo [...].

Der Festakt mit Reden, Kulturprogramm und sozialistischem Glaubensbekenntnis fand in einem Saal des Museums für Deutsche Geschichte [in Berlin] statt. [...] Bevor es losging, standen die meisten Eltern noch draußen am Kanalgeländer in der Frühlingssonne, sahen auf den Palast der Republik und rauchten. Wir standen abseits, hinter ein paar Büschen versteckt und rauchten auch. Alle waren aufgeregt. [...] Theoretisch hätte ich mich auch konfirmieren lassen können, doch es wäre mir noch falscher vorgekommen, als auf den Staat zu schwören. Denn ich war zwar zutiefst atheistisch erzogen worden, aber ehrlich gesagt, belog ich doch lieber Honecker als Gott. Sicher ist sicher. Man weiß ja nie.

Also entschied ich mich für die Jugendweihe. Denn natürlich wollte ich auch ein Initiationsritual. Ich wollte auch erwachsen werden. Und ich wollte sein wie die anderen. Das Gelöbnis spielte keine Rolle – entscheidend waren das Fest und die Geschenke.

Als wir dran waren, erhob ich mich und tat das, was ich immer tat: Ich ging los und stand es durch. In meinem bedeutungsvollen Westkleid stieg ich auf die Bühne, schwor mit gekreuzten Fingern auf den Staat und wurde erwachsen.

Rusch, Claudia: Meine freie deutsche Jugend. Frankfurt/M. 2003, S. 47 ff.

1. Gib positive und negative Aspekte der Jugendweihe für die Autorin wieder (farblich markieren).
2. Die offizielle Absicht der Jugendweihe und die Sichtweise von Frau Rusch darauf unterscheiden sich. Begründe ihre Vorbehalte und Entscheidung.
3. Die Jugendweihe ist in Ostdeutschland nach wie vor üblich. Bewerte ihre Bedeutung heute.

M3 Hochzeit (Oranienburg, 1974)

Hochzeitspaar in seinem Zimmer:

Foto: Ute Mahler/OSTKREUZ

1. Beschreibe das Foto und versuche den Wand- und Deckenschmuck zu erklären.
2. In der DDR betrug 1989 das durchschnittliche Heiratsalter bei Männern 25,3 Jahre, bei Frauen 23,2 Jahre. Wer heiratete, konnte leichter eine Wohnung zugewiesen bekommen. Formuliere einen Zusammenhang und bewerte die möglichen Folgen.

M4 Rentnerleben

Aus einer historischen Darstellung der DDR-Alltagsgeschichte:

Die sozial am stärksten benachteiligte Gruppe der DDR-Gesellschaft bildeten die etwa 2,8 Millionen Rentner. [...] Der Durchschnitt aller Renten betrug 380,17 Mark, eine Summe, die trotz niedriger Mieten und gestützter Preise ein Leben am Rande des Elends bedeutete. Ein gutes Paar Schuhe kostete beispielsweise 20 Prozent einer Mindestmonatsrente. [...]

[...] Rentner durften in den Westen gehen, wenn sie wollten. Den zynischen gesetzlichen Regelungen über Besuche und ständige Ausreise zufolge hatten sie Anspruch auf eine bestimmte Anzahl von Tagen außer Landes und bekamen – ausgenommen sogenannte Geheimnisträger – auch bei Anträgen auf ständige Ausreise kaum Schwierigkeiten. Der Volksmund sprach ironisch von der mit dem Eintritt ins Rentenalter [Männer mit 65 J., Frauen mit 60. J. U.B.] erlangten „Reisemündigkeit". Neben den in der Regel aus zuverlässigen Genossen bestehenden privilegierten Reisekadern [=ausgewählte Gruppen; U.B.] waren also die Rentner die einzigen Sendboten der DDR.

Jahr	Durchschnitts-bruttoeinkommen	Durchschnitts-altersrente	Differenz
1950	311	90,70	220,30
1960	588	152,66	405,34
1970	762	199,17	562,83
1980	1030	342,51	687,49
1988	1280	380,94	899,06

Ein Vergleich Durchschnittslohn der Arbeiter und Angestellten/Durchschnittsaltersrente (in Mark der DDR)

Wolle, Stefan: Die heile Welt der Diktatur. Alltag und Herrschaft in der DDR 1971–1989. Berlin 1988, S. 247 f.

1. Ermittelt aus der Tabelle die Informationen und Bewertungen zur Lage der DDR-Rentner.
2. Ermittelt die zentrale Aussage des Vergleichs von Lohn und Rentenentwicklung.
3. Vergleicht den Aufwand für die Kinder und die Rentner in der DDR. Begründet dies aus dem Wirtschafts- und dem politischen System (z. B. Rolle der Wahlen).

M1 Wohnen in der „Platte"

Plattenbauten in Ost-Berlin:

Bundesarchiv, Bild 183-E1128-0010-001, Joachim Spremberg, CC-BY-SA 3.0

Historischer Stadtkern in Halberstadt (1985):

Hajotthu, Wikimedia Commons, CC BY-SA 3.0

Übergabe der dreimillionsten Wohnung in Berlin-Hohenschönhausen 1988. Honeckers Wohnungsbauprogramm sollte den Mangel an modernen Wohnungen abstellen:

Bundesarchiv, Bild 183-1988-1012-409, Hubert Link

Inschrift der Gedenktafel vor Ort:
Hier wurde am 12. Oktober 1988 im Beisein des Generalsekretärs des ZK der SED und Vorsitzenden des Staatsrates der DDR, Erich Honecker, die dreimillionste Wohnung übergeben, die im Rahmen des Wohnungsbauprogramms des Kernstücks der Sozialpolitik der SED seit 1971 geschaffen wurde.

1. Informiert euch (Schulbuch/Internet) über die von SED-Chef Honecker betriebene „Einheit von Wirtschafts- und Sozialpolitik" seit 1971 und erläutert darin die Bedeutung des Wohnungsbaus.
2. In der DDR verfielen ohne Renovierungen viele Altbauten in den Innenstädten. Erklärt diesen Aspekt der Wohnungspolitik.
3. Erörtert, inwieweit die billigen Mietwohnungen in der DDR ein Beispiel für heutige Wohnungspolitik geben könnten.

M2 Kleingärten

In der DDR zählte das Ratgebermagazin „Du und dein Garten" zu einer der beliebtesten Fernsehsendungen. Die 1959 an den Start gegangene Reihe richtete sich speziell an die Millionen Klein- und Hobbygärtner in der DDR und gab Hinweise und Tipps zur Bewirtschaftung.

Das Kleingartenwesen genoss umfassende staatliche Förderung und das Wohlwollen der Öffentlichkeit. Von 13,5 Millionen erwachsenen DDR-Bürgern waren 1989 mehr als 1,2 Millionen organisierte Kleingärtner – nicht eingerechnet ihre Angehörigen und Freunde. 855.000 Parzellen mit rund 37.000 Hektar Land befanden sich in Kleingärtnerhand. Die DDR hatte weltweit die höchste Dichte an Kleingärten. Dazu kamen noch 2,6 Millionen Wochenendgrundstücke: die Datsche, also das kleine Gartenhäuschen, in das man sich am Wochenende zurückziehen konnte.

Autorentext, nach: Dietrich, Isolde: Hammer, Zirkel, Gartenzaun. Die Politik der SED gegenüber den Kleingärtnern. Berlin 2003

DVD-Cover, Uap Video, 2016

1. Berechne die durchschnittliche Größe eines Kleingartens.
2. Erläutere die Wertschätzung für Kleingärten und Datschen durch die Nutzer und den Staat.

M3 Wohnstatistik

Wohnungsbestand und Wohnfläche je Einwohner:

	1961	1971	1981	1989
Wohnungen gesamt (in Millionen)	5,507	6,057	6,562	7,002
Wohnfläche/Einwohner (in Quadratmetern)	15,8	20,6	24,9	27,6

Wohnungsbestand nach Ausstattungsmerkmalen (in Prozent):

	1961	1971	1981	1989
Bad bzw. Dusche	22	39	68	82
Innentoilette	33	36	60	76
Warmwasser	–	26	64	82
Telefon	–	8	12	16

Ausstattung der Wohnungen mit Sanitäreinrichtungen (in Prozent):

	DDR	BRD
Bad/Dusche	80	99
Innentoilette	73	98
Anschluss an Kanalisation	72	93
Anschluss an Kläranlagen	58	89

Wolle, Stefan: Die heile Welt der Diktatur. Alltag und Herrschaft in der DDR 1971–1989. Berlin 1988, S. 252 f.

1. Untersuche die drei Statistiken auf belegbare Entwicklungen.
2. Bis 1989 war Wohnraum in der DDR ein sehr knappes Gut, das der Staat verteilte. Schätze die Folgen für Wohnungssuchende ein.

M4 Langeweile in der sozialistischen Provinz

Der geborene Südthüringer P. Wurschi schreibt über die Situation der Jugendlichen im Raum Suhl, einer Stadt direkt an der Grenze zur BRD:

„Wenn man hinter dem Berg wohnt, hat man nicht die Weite des Tals." [...] Doch das Leben „hinter den Bergen" schützte nicht vor der allgegenwärtigen Staatsmacht, im Gegenteil: Was andernorts als Lappalie ungestraft durchging, konnte im Bezirk Suhl sehr schnell das Eingreifen staatlicher Organe provozieren. So berichtet Frank Sölter, der sich als Jugendlicher die Freiheit nahm, sich mit seinen Freunden auch außerhalb der Schule und FDJ im Wohngebiet zu treffen, dass sie „[...] in Suhl vieles nicht gewagt hätten. [...] Man hat irgendwo immer Erfahrungen gehabt. Der ist verhaftet worden, der andere hat eine drangekriegt oder so. Das war halt ganz normal, das wusste auch jeder. [...] Man ist hier vorsichtiger gewesen, deswegen hieß es ja auch der rote Bezirk, im Allgemeinen."

Bedingt durch seine Lage gab es im Grenzbezirk [Suhl] einen ausgeprägten Sicherheitsapparat, der vehement für Ordnung und Ruhe sorgte, und die offensichtlich erlebte Einschüchterung trug in dieser kleinstädtisch und ländlich strukturierten Region erheblich zur Legendenbildung und damit zu einem ängstlich-vorsichtigen Verhalten der Menschen bei. Wie ein Schatten legte sich das staatliche Sicherheitsstreben auf den Alltag der etwa 500.000 Einwohner des Bezirkes und viele trugen sich mit einem Lebensgefühl, das sie als „öde", „langweilig" oder „angstvoll" beschreiben. So charakterisiert auch der Künstler Herbert König den Bezirk als: „[...] Provinz. Mehrfache Provinz eigentlich. Die DDR selber war Provinz. Der Bezirk Suhl war vielleicht die schlimmste Provinz in der Provinz. Weil es war ja auch noch der kleinste und hatte fast nur Westgrenze. Am allerabgesichertsten war der. Und noch mehr Militär in jeglicher Form."

Natürlich wollten auch die Jugendlichen „hinter den Bergen" ihre Freizeit mit Kurzweil und Unterhaltung füllen. Wer sich nicht der Kirche oder oppositionellen Gruppierungen zugehörig fühlte, griff mitunter auf die Angebote der FDJ zurück, begeistern konnte die staatliche Jugendorganisation die Teenager aber kaum noch. So ermöglichte zwar der Bezirk den Heranwachsenden Anfang der achtziger Jahre den Besuch von 16 Jugendklubhäusern bzw. 340 Jugendzimmern sowie 79 Singeklubs, doch die meisten nutzten ihre Freizeit, um sich abseits offizieller Einrichtungen zu treffen, auf Sportplätzen herumzusitzen und an den Wochenenden zu Konzerten und Diskotheken zu fahren. Sie nahmen die politischen Statements von SED und FDJ immer mehr als Phrasen wahr, da sie offensichtlich an der erlebten Realität vorbeigingen. Für die Aufforderung der staatlichen Jugendorganisation, als gute Kommunisten frohgemut in die Zukunft zu schreiten, hatten viele Jugendliche ab Ende der siebziger Jahre nur noch ein müdes Lächeln übrig und nahmen ihre Freizeitgestaltung lieber selbst in die Hand. Wohin die Versuche, aus dem erlebten Alltag auszubrechen, führen konnten, zeigt eine Brandstiftungsserie in Steinbach. Im Spätsommer 1978 brannte es in dem beschaulichen 2500-Seelenort in der Nähe von Bad Liebenstein gleich sechsmal. Das von den Dienststellen ermittelte Motiv des 18-jährigen Täters schien ausgesprochen banal. In seinen Verhören betonte er immer wieder, dass ihn die Langeweile angetrieben habe: „In Steinbach ist doch nichts los. Im Jahr ist bloß einmal Kirmes. Im Sommer sind bei schönem Wetter mal Freilichtkino-Veranstaltungen."

Wurschi, Peter: „Mir ist so langweilig!" Jugend, Alltag und die sozialistische Provinz. In: Muhle, Susanne/Richter, Hedwig/Schütterle, Juliane: Die DDR im Blick. Ein zeithistorisches Lesebuch. Berlin 2008, S. 130 f., 132 f.

1. Informiere dich über die Stellung der Bezirke in der DDR.
2. Fasse die Situation der Jugendlichen (Angebote/Defizite) im Bezirk Suhl zusammen und begründe die spezifische Lage in diesem Bezirk.
3. Auch die DDR kannte jugendliche Außenseiter, in Kleidung sowie Musik unangepasste, provokative „Punks": Too much future – Punk in der DDR (https://www.jugendopposition.de/themen/145334/too-much-future-punk-in-der-ddr). Untersuche den Umgang mit ihnen.
4. Eintönigkeit wird in vielen Teilen der Welt „hinter den Bergen" beklagt. Diskutiert plausible Strategien gegen den aufkommenden jugendlichen Frust.

M1 Fischwaren in der Werbung

Werbeplakat, DDR

M2 In der DDR wurde gerne auswärts gespeist

In der DDR wurde zu feierlichen Anlässen wurde gerne außer Haus gegessen. Es gab 25.700 Speisegaststätten. Klassiker der Speisekarte waren Gerichte wie Schweinesteak mit Letscho, Hallesche Fettbemmen und Mecklenburgische Schlachteplatte. In Ostberlin wurde die Ketwurst erfunden: eine Brühwurst in Ketchupsauce getunkt und in ein längliches, warmes Brötchen gesteckt. Die Erfinder erhielten dafür sogar eine offizielle Auszeichnung.

Autorentext

1. Stelle aus M1 und M2 Aussagen zum Lebensstandard und zu staatlichen Bemühungen um seine Verbesserung zusammen. Vermute die Gründe dafür.
2. Erläutere den außenpolitischen Hintergrund der Werbung M1.

M3 Mangelwirtschaft

Im Auftrage des DDR-Ministerrates wurden im September/Oktober 1983 Inspektionen der Versorgung mit Grundnahrungsmitteln in den einzelnen Bezirken vorgenommen. Ein Auszug aus dem Abschlussbericht:

Im Bezirk Neubrandenburg kann bei einer zweimaligen Belieferung pro Woche – dienstags und donnerstags – mit Fleisch an den Montagen aufgrund der begrenzten Haltbarkeit nicht versorgt werden. Auch auf der Insel Rügen ist mit der nur einmal wöchentlichen Belieferung von 61 Landverkaufsstellen keine durchgängige Versorgung mit Fleisch gewährleistet.

Die hauptsächlichen Ursachen dafür sind die überalterten und fehlenden Fahrzeuge. Die bei der hohen Reparaturquote erforderlichen Ersatzteile stehen völlig unzureichend zur Verfügung. So sind im Bezirk Magdeburg von 399 Nutzkraftwagen 283 älter als 10 Jahre. [...]

Bericht zu den Ergebnissen der Tätigkeit der in den Bezirken und Kreisen eingesetzten Arbeitsgruppen zur Verbesserung der Versorgung der Bevölkerung mit Fleisch und Wurstwaren, Obst und Gemüse sowie Getränken vom 21.9.–2.10.1983. SAPMO DY 30/IV2/2.039/268, Bl. 144

1. Erarbeite den Zustand der Fleischversorgung (Ort/Zeit) sowie die Gründe dafür.
2. Im Oktober 1989 feierte die DDR ihren 40. Jahrestag. Erfindet ein denkbares Gespräch von betroffenen Konsumenten.

M4 Ausstattung privater Haushalte mit langlebigen Gebrauchsgütern (in Prozent)

Jahr	PKW	Kühlmaschine	Gefriermaschine	Waschmaschine	Farbfernseher
DDR					
1970	15,6	56,4	0,5	53,6	0,2
1975	26,2	84,7	3,5	73,0	2,5
1980	36,8	99,0	12,5	80,4	16,8
1985	45,8	99,0	28,7	91,8	38,4
1987	49,9	99,0	38,2	96,9	46,5
BRD					
1987	94,8	100	76	100	91,2

Nach: Schroeder, Klaus Der SED Staat. Partei, Staat und Gesellschaft 1949 1990. München 1998; Weidenfeld, Werner/Zimmermann, Hartmut: Deutschland-Handbuch. Eine doppelte Bilanz 1949–1989. Bonn 1989

M5 Kommunikation – Telefone pro 100 Einwohner

	1950	1960	1970	1980	1986
BRD	4,71	10,68	22,5	45,9	64,0
DDR	–	7,62	12,3	18,9	22,6
Österreich	5,96	10,0	19,3	40,1	50,8
Polen	0,92	2,96	5,7	9,5	11,8
Schweden	7,25	22,94	35,18	55,7	79,6
USA	15,77	28,35	41,15	58,3	78,8

Nach: Kaelble, Harmut: Europäische Besonderheiten des Massenkonsums 1950–1990. In: Siegrist, Hannes/Kaelble, Hartmut/Kocka, Jürgen (Hg.): Europäische Konsumgeschichte. Zur Gesellschafts- und Kulturgeschichte des Konsums (18. bis 20. Jahrhundert). Frankfurt/M. 1997, S. 199

1. Ermittelt die aus den Statistiken hervorgehenden Trends. Vergleicht die DDR mit der BRD und anderen Staaten.
2. Überlegt mögliche wirtschaftliche und politische Ursachen von Zuwächsen und Defiziten sowie die Perspektiven für die Betroffenen um das Jahr 1987.

M6 Urlaub in der DDR: Camping (Prerow, 1975)

Campingplatz am Ostseestrand bei Ückeritz (Usedom). Alternative zum Camping war meist nur der organisierte Urlaub in Ferienheimen der Gewerkschaften/Betriebe oder ein Verwandtenbesuch.

Bundesarchiv, Bild 183-P0813-016, Joachim Spremberg, CC-BY-SA 3.0

M7 Auslandsreisen

In das sozialistische Ausland reisten nur wenige Menschen. 1988 fuhren 200.000 Personen in die Sowjetunion, nach Ungarn und in die CSSR je rund 100.000. Die Plätze für Auslandsreisen wurden, auch aus politischen Gründen, begrenzt. Visumsfrei ging es zwischenzeitlich nach Polen, in die Tschechoslowakei und nach Ungarn. Als in Polen aber die Solidarnosc-Bewegung immer mehr Anhänger fand, wurde 1980 der Reiseverkehr wieder eingeschränkt. Selbst in die Sowjetunion wurden nur wenige Reisen genehmigt, meist Gruppenreisen, bei denen die Stasi mitfuhr.

Sauerbrey, Anna: Wie DDR-Bürger Urlaub machten. In: Der Tagesspiegel, 26.6.2011

M8 Ferienjugendlager

In den großen Ferien schob das pädagogische Personal der DDR Dienst in Ferieneinrichtungen für Jugendliche, bei [Lehrerin] Erika Buch war das meist das Jugendlager einer Dresdner Baumschule, deren Betriebsleitung es mit der politischen Erziehung nicht so ernst nahm. Einmal aber wurde sie für ein zentrales Pionierlager eingeteilt. „Dort ging es militärisch zu", erinnert sie sich. Jeden Morgen mussten sich die Jugendlichen zum Appell melden, die Fahne wurde gehisst, eine Rede gehalten und ein politisches Lied gesungen. Selbst bei glühender Hitze sollten die Kinder beim Ernst-Thälmann-Denkmal im Lager Mahnwache halten.

Sauerbrey, Anna: Wie DDR-Bürger Urlaub machten. In: Der Tagesspiegel, 26.6.2011

1. Stellt nach M6–M8 die Urlaubsmöglichkeiten in der DDR zusammen. Macht euer persönliches Ranking für die damalige Zeit.
2. Ergänzt die politischen Schwierigkeiten, die sich beim Urlaub stellten.
3. Begründet die politische Forderung nach mehr Reisefreiheit in der Friedlichen Revolution 1989 und erörtert, ob die DDR dadurch gefährdet worden wäre.

M1 Eine alltägliche Geschichte

Wetzel, Christoph: Eine alltägliche Geschichte, Ölbild 1988 (VG Bild-Kunst)

1. Beschreibt und interpretiert das Bild und dessen Titel.
2. Vermutet: Wo ist nach eurem Gefühl der Vater der Kinder?

M2 Die Erziehung des Verbrauchers

Aus einer historischen Darstellung der DDR-Alltagsgeschichte:

Die Versorgungsprobleme sollten nicht nur in Wirtschaft und Handel gelöst werden. Angesichts der angespannten wirtschaftlichen Lage sollten die Konsumenten ihr Kaufverhalten und ihre Kaufwünsche den eingeschränkten wirtschaftlichen Möglichkeiten anpassen. [...] Werbung sollte nicht mehr die Lust am Kaufen fördern, sondern „volkswirtschaftlich verantwortlich" die Käufer auf die Produkte orientieren, von denen man zu viel produziert und zu wenig verkauft hatte [...]

Die Erziehungsversuche betrafen vor allem Frauen [...] Ihnen sollte ein neuer Modeltyp: die vollschlanke Frau – der Typ Arbeiterin und Bäuerin, die kräftig in der Wirtschaft anpacken kann und ihren Mann steht – nahegebracht werden. Zudem hatten Studien der Marktforscher ergeben, dass kräftige Frauen modischen Neuheiten nicht so aufgeschlossen gegenüberstanden wie schlanke Frauen – auf diese Weise hoffte man, den Abkauf an Bekleidung eindämmen zu können. [...]

Da sich trotz der in der Werbung verkündeten großen Zeitersparnis [durch neue Haushaltsgeräte] in der Hausarbeit bald herausstellte, dass die Erleichterungen für Frauen sich in Grenzen hielten, mussten auch die Männer einbezogen werden. Um die Doppelbelastung für berufstätige Mütter abzubauen, wurden zu Beginn der siebziger Jahre auch Männer in die Werbung für Haushaltgeräte einbezogen und verkündeten an der Waschmaschine stehend: „Von jetzt an wasche ich die große Wäsche, denn meine Frau hat das gleiche Recht auf Bildung und Freizeit wie ich".

Kaminsky, Annette: Konsumpolitik in der Mangelwirtschaft. In: Vollnhals, Clemens/Weber, Jürgen (Hg.): Der Schein der Normalität. Alltag und Herrschaft in der SED-Diktatur. München 2002, S. 100–102

1. Stellt fest, für welchen Zeitraum der Text Aussagen trifft.
2. Erklärt auf vor dem Hintergrund der Lage der DDR Wirtschaft die Überschrift des Textes.
3. Werbung ist nicht immer erfolgreich, weil andere Faktoren wichtiger sind. Schätzt die Wirkung auf die hier betroffenen Kundinnen ein.

M3 Alltag arbeitender Frauen

Im Unterschied zur Bundesrepublik war der allgemeine Lebensrhythmus in der DDR noch in den 1980er Jahren wesentlich stärker von der industriellen Produktion bestimmt. Berufstätige Frauen lieferten ihre Kinder schon gegen sieben Uhr morgens oder gar noch früher in der Kita ab, um anschließend pünktlich zu Schichtbeginn im Betrieb zu sein. Der wesentlich größere, aus dem Arbeitskräftemangel geborene Anteil von Frauen an der industriellen Arbeiterschaft trug erheblich dazu bei, dass die DDR heute als „arbeiterliche Gesellschaft" wahrgenommen wird. Darüber hinaus war sie auch eine arbeitszentrierte Gesellschaft: Die Propagandaparole „Sozialistisch arbeiten, lernen, leben" entsprach weitestgehend der Alltagserfahrung der Menschen in der DDR.

Als eine Errungenschaft der DDR wird auch immer wieder genannt, dass es gleichen Lohn für gleiche Arbeit gegeben habe. Das stimmt zwar, aber in der Realität sah es dennoch häufig so aus, dass Frauen zwar nicht für die gleiche Arbeit schlechter bezahlt wurden, dass sie aber häufig in traditionell schlechter bezahlten Branchen arbeiteten, sei es als Verkäuferin, Erzieherin, Friseuse oder in der Textilbranche. Die offiziellen Stellen versuchten nicht etwa, dem entgegenzusteuern, sondern sie unterstützten diese Berufswahl aktiv. Neben der schlechteren Bezahlung war das Ansehen dieser Berufe – gerade im Bereich der Dienstleistungsbranche – weitaus geringer als das „klassischer" Männerberufe. Weiterhin waren Frauen wesentlich häufiger von Altersarmut betroffen als Männer. Ihre Renten waren häufig so niedrig, dass sie durch einen Nebenerwerb aufgebessert werden mussten.

Kimmel, Elke: Hauptsache Arbeit, In: Dokumentationszentrum Alltagskultur der DDR: Alltag: DDR. Geschichten, Fotos, Objekte, Links. (Begleitbuch zur Dauerausstellung in Eisenhüttenstadt) Berlin 2012, S. 231

M4 Mutterschaft und Berufstätigkeit

Frauen profitierten [...] gewaltig von den energischen Kampagnen der fünfziger und sechziger Jahre, die sicherstellen sollten, dass sie ein ähnliches Bildungs- und Qualifikationsniveau erreichten wie Männer und ähnliche berufliche Ambitionen hatten, und sie traten voll in die ostdeutsche Arbeitswelt ein, wobei ihre potenzielle Verbindung von Mutterschaft und Berufstätigkeit durch den institutionellen und rechtlichen Rahmen stark erleichtert wurde. Aber wenn man von überwiegend weiblichen Industriebetrieben absieht, stiegen Frauen nicht in demselben Ausmaß in die Führungs- und Managementebene auf wie ihre männlichen Kollegen. Frauen übernahmen weiterhin die primäre Verantwortung für die Kinderbetreuung und auch lebenslänglich für häusliche Pflichten, etwa die Betreuung von älteren Angehörigen; die Bedürfnisse ihrer Familie hatten für sie weiterhin Vorrang vor denen des Betriebs. Trotz der Betonung der „Emanzipation" veränderten sich bei Männern und Frauen die Einstellungen zur Berufstätigkeit von Frauen weit mehr als ihre Einstellungen zur Arbeitsteilung in der Familie. Zunehmend wurde akzeptiert, dass Frauen während ihres ganzen Erwachsenenlebens eine bezahlte Arbeit übernahmen und auch nach der Heirat oder der Geburt von Kindern beibehielten; aber nur sehr allmählich und partiell begann man zu fragen, ob nicht auch Männer eine gleiche Rolle als Partner einnehmen und Verantwortung für Hausarbeit und familiäre Pflichten übernehmen sollten. Angesichts der Tatsache, dass die Frauen in zwei Bereichen eingespannt waren, entschieden sie sich im Großen und Ganzen dafür, die überwältigende zusätzliche zeitliche Beanspruchung nicht zu akzeptieren, die eine wachsende Verantwortung beziehungsweise ein Aufstieg im Betrieb und im politischen Leben – beides war äußerst eng verbunden – mit sich gebracht hätte.

Fulbrook, Mary: Ein ganz normales Leben. Alltag und Gesellschaft in der DDR. Darmstadt 2008, S. 183

1. Erarbeitet aus den Texten M3 und M4 die besondere Situation von Frauen in der DDR.
2. Ostdeutsche Frauen gelten gegenwärtig noch als durch die DDR-Zeit anders geprägt, was ihre Einstellungen zur Erwerbsarbeit, zur Rolle von Männern und zur Frauenemanzipation betrifft. Versucht, diese Einschätzung aus den beiden Texten zu erläutern.
3. Diskutiert, inwieweit es nach eurer Einschätzung tatsächlich immer noch einen Unterschied zwischen Ost und West in der Stellung der Frauen gibt.

M1 Sportenthusiasmus

Herr H. erinnert sich in einem Geschichtsprojekt nach 1990 vor allem an den Sportenthusiasmus in den 1950er Jahren:

Die fünfziger Jahre waren insgesamt eine sportbegeisterte Zeit [...] Ich war ungeheuer aktiv im Sport, im Fußball. Ich hatte einen Übungsleiterposten übernommen. Mit unserer Mannschaft qualifizierten wir uns dann sogar für den Junge-Welt-Pokal. Viele junge Leute machten Sport und verbrachten damit einen großen Teil ihrer Freizeit. Es wurde natürlich auch reglementiert. Während meiner Lehre als Maschinenschlosser kamen gerade die Nickis auf. In Westdeutschland waren die sogar bemalt. Das war bei uns verpönt. Das kam aus Amerika. Mein Freund und ich haben uns so ein Nicki – heute nennt man es T-Shirt – gekauft. Und weil wir so sportbegeistert waren, sind wir in dieses Textilmalereigeschäft gegangen, um unsere Idole draufmalen zu lassen. Er hat sich einen Fußballspieler draufmalen lassen und ich einen Rennfahrer. Da habe ich den größten Ärger im Betrieb gekriegt. Der FDJ-Sekretär hat mich öffentlich niedergemacht und gesagt: Das ist Lästerung! Ich könne ja auch nicht einfach Wilhelm Pieck [= Präsident der DDR] da vorne draufmalen lassen. Ich habe das Nicki zwar nicht abgeben müssen, aber ich durfte das nicht tragen, wenn ich in den Betrieb ging.

Aus: Ahbe, Thomas/Hofmann, Michael: „Eigentlich unsere beste Zeit". Erinnerungen an den DDR-Alltag in verschiedenen Milieus. In: Aus Politik und Zeitgeschichte B17, 2002, S. 13–22

1. Ermittelt, worin das Verwerfliche der Bemalung gelegen hat.
2. Sportkleidung war Mangelware. DDR-Sportchef Manfred Ewald beklagte dies 1985 bei Egon Krenz: „Immer mehr Bürger stellen die Forderung nach einfachen Sportmaterialien." Begründe, warum man nicht einfach mehr produziert hat.

M2 Gesellschaft für Sport und Technik – Flugtag in Schönhagen (1987)

Die 1952 gegründete Massenorganisation „Gesellschaft für Sport und Technik" (GST) unterhielt zahlreiche Ausbildungsstätten für Jugendliche ab 14 Jahren: u. a. für Amateurfunk und Radiosport, für Mädchen Sanitätsdienst, vor allem aber die „Wehrsportarten" Mehrkampf, Sportschießen, Motorsport, Modellsport, Segelfliegen, Fallschirmspringen und Tauchen. Auch ließ sich hier eine frühe und kostenlose Fahrschule absolvieren. Dabei hatte die GST einen militärischen Charakter und unterstand dem Verteidigungsministerium. Sie betrieb über ihre 650.000 Mitglieder hinaus die vormilitärische Ausbildung an den Schulen, Universitäten und in den Betrieben. Es bestand eine enge Kooperation mit der FDJ.

In Schönhagen bei Berlin war die fliegerische Ausbildung der GST in der Fliegerschule „Ernst Schneller" konzentriert worden, nachdem 1979 mehrere Flugzeuge an kleineren Standorten für Fluchten benutzt worden waren. Dort fanden auch große Schautage statt, zu denen eingeladen wurde.

Autorentext, Foto: ddrbildarchiv.de/ Robert Grahn

1. Stelle aus Text und Bild die Attraktionen der GST für Jugendliche heraus.
2. Begründe den militärischen Aufzug der GST aus den staatlichen Interessen heraus.
3. Die DDR propagierte stets ihren Einsatz für den Frieden. Erörtere, inwieweit militärische Vorbildung in den Schulen und Hochschulen sowie in vielen Sportarten dazu passt.

M3 Medaillenspiegel der Olympischen Winterspiele 1984 in Sarajewo (ehem. Jugoslawien)

Platz	Land	G	S	B	Gesamt
1	DDR	9	9	6	24
2	Sowjetunion	6	10	9	25
3	USA	4	4	–	8
4	Finnland	4	3	6	13
5	Schweden	4	2	2	8
6	Norwegen	3	2	4	9
7	Schweiz	2	2	1	5
8	BRD	2	1	1	4
	Kanada	2	1	1	4

Wikipedia: Olympische Winterspiele 1984 (5.5.2020)

1. Werte den Medaillenspiegel in Hinsicht auf die internationale Stellung der DDR im Wintersport aus.
2. Schätzt den Erfolg der Sportpolitik in der Bevölkerung mithilfe folgenden Zitats ein:
   „[...] Zwar schaffte es der DDR-Sport für die Dauer seiner Lebenszeit in beeindruckender Weise, den ostdeutschen Realsozialismus mit dem Glanz zahlreicher Goldmedaillen zu überziehen. Dass es sich beim Spitzensport jedoch tatsächlich nur um ein „Dekorationsstück", nicht um ein zentrales Lebensinteresse der Menschen handelte, offenbarten die Ereignisse im Herbst 1989. Der hochgezüchtete Leistungssport [...] vermochte nicht im Geringsten das zu tun, wozu er ausersehen war, nämlich das Ansehen des SED-Staates nach innen und außen zu stärken."
   (Sporthistorikerin Jutta Braun, 2009, siehe M4)

M4 „Jedermann an jedem Ort – einmal die Woche Sport"

Das war das Schlagwort, mit dem Walter Ulbricht im Jahr 1959 den Alltagssport in der DDR propagierte:

„Wissen Sie!", empörte sich ein Freizeitsportler Mitte der 1980er Jahre [...], „die überall propagierte Losung ‚Hinaus in den Sportplatz Natur' hört sich recht gut an, doch haben es sich damit die Verantwortlichen sehr einfach gemacht." Den „vielen Sportwilligen" habe man offenkundig „nur noch den Wald anzubieten, denn die modernen Sportstätten, Stadien, Schwimmhallen, sportmedizinische Betreuung, Sportorganisation usw. haben sie den Spitzenathleten vorbehalten. Da ist für den Werktätigen, der nach Feierabend seinen Sport betreiben möchte, nicht mehr allzu viel Platz." [...]

So viele Medaillen wie möglich zu erringen, wurde zum Leitmotiv der ostdeutschen Sportpolitik, alle anderen Dimensionen des Sports hatten demgegenüber zurückzutreten. Mit ihrem „Leistungssportbeschluß" des Jahres 1969 unternahm die Parteiführung eine denkwürdige Rationalisierungsmaßnahme, die sich gleichwohl als sehr effektiv erweisen sollte: Sie unterteilte die Sportlandschaft in den sogenannten besonders geförderten Sport I und den weniger geförderten Sport II. Zur ersten Kategorie gehörten die medaillenintensiven Sportarten, also diejenigen, in deren Rahmen ein Athlet eine Vielzahl von olympischen Auszeichnungen sammeln konnte, wie etwa im Schwimmen, Rudern oder in der Leichtathletik. Sportarten wie Wasserball dagegen, die für eine potentielle Medaille einen hohen Trainingsaufwand und erhebliche Sportstätten-Kapazitäten für eine gesamte Mannschaft erforderten, wurden zu Sport II degradiert. [...]

Neben dieser Zweiteilung wurde ein völlig neues System der Nachwuchssichtung installiert, die sogenannte „Einheitliche Sichtung und Auswahl" (ESA). Alle Schulkinder der Republik wurden seit Beginn der 1970er Jahre akribisch gewogen und vermessen, um ihre Begabung für bestimmte Sportarten zu prognostizieren. Die sportpolitische Maxime lautete, dass die DDR „jedes verborgene Talent finden und fördern" müsse. [...]

„Schon das Wort Fun klingt nicht unbedingt nach DDR", diese Bemerkung umreißt die Entwicklungsprobleme von Fun- und Trendsportarten in Ostdeutschland. Ein wichtiger Vorbehalt traf deshalb den individuellen Charakter der neuen Sportarten: Surfer und Jogger bevorzugten es, allein oder mit Freunden, auf alle Fälle nicht im sozialistischen Kollektiv ihrer Leidenschaft nachzugehen. [...] Anfangs noch auf der Ostsee gestattet, wurden Surf-Wettkämpfe bald ausschließlich in die Binnengewässer der DDR verlegt, nachdem DDR-Sicherheitskräfte entsetzt festgestellt hatten, dass Surfer unter ihrem Radar durchsegeln konnten. [...] Die Sportart Karate wurde gleich ganz verboten und existierte lange Zeit nur in Nischen, die betreffenden Sporttreibenden sollten auf Wunsch der SED für den (olympischen) Judosport (zurück-)gewonnen werden. [...]

Braun, Jutta: „Jedermann an jedem Ort – einmal die Woche Sport". Triumph und Trugbild des DDR-Sports. In: Großbölting, Thomas (Hg.): Friedensstaat, Leseland, Sportnation? DDR-Legenden auf dem Prüfstand. Berlin 2009, S. 177–181, 182, 191

1. Untersuche das DDR-Leistungssportsystem aus Sicht des Staates und der Sportler.
2. Erläutere die Interessen geförderter Spitzensportler und der weniger/nicht anerkannten Sportler.
3. In vielen Ländern ist Sport heute ein Weg zu sozialem Aufstieg oder sogar Reichtum (von Stars). Beurteile, inwieweit dies in der DDR auch der Fall war.

M1 Wochenende in der Datsche (1979)

Datsche und Trabi – fotografiert 1979 in Schmalkalden:

Foto: Kurt Tauber

1. Datsche und Trabi gelten als DDR-typisch. Stellt einige Merkmale zusammen, die euch auffallen.
2. Begründet ihre Verbreitung in der DDR aus den wirtschaftlichen und politischen Hintergründen.

M2 „Sozialistische Lebensweise" in der „Nische"

Aus einem Ausstellungskatalog zum DDR-Alltag:

Sozialpolitische Maßnahmen spielten eine wichtige Rolle für das Lebensniveau und waren damit ein weiterer Kernbestandteil der sozialistischen Lebensweise. Zum Maßnahmenpaket der Partei- und Staatsführung in den 1970er und 1980er Jahren gehörte die sogenannte Gestaltung der Arbeits- und Lebensbedingungen. Dazu zählten die Subventionierung von Lebensmitteln, Familienförderungsmaßnahmen, der Wohnungsbau und ein größeres Zeitkontingent für geistig-kulturelle Betätigungen, Freizeit und gesellschaftliche Tätigkeiten.

Anhand von Freizeit und Urlaub lässt sich gut illustrieren, was die sozialistische Lebensweise ausmachte. Für beide Bereiche wurde nun akzeptiert, dass sie dem Privatleben zugeordnet seien und nicht allein der rein physischen Reproduktion der Arbeitskraft dienten. Man kam dem individuellen Unterhaltungsbedürfnis stärker entgegen, indem der Konsum von Medien als eine eigenständige Größe in der Freizeitgestaltung akzeptiert wurde. Mit anderen Worten, Ferien und Fernsehen mussten nicht mehr in jedem Fall einem der Gesellschaft nützlichen Zweck dienen. Realität und Ideologie näherten sich einander an. Zugleich war man bemüht, die Voraussetzungen für die Gestaltung der gesellschaftsfernen Freizeit zu verbessern. In den 1980er Jahren wurde auch in der DDR begonnen, Kabelfernsehen einzurichten, und die Senderauswahl beschränkte sich nicht allein auf DDR-Programme. In den Urlaubsgebieten wurden immer mehr „Ferienplätze" in Urlauberheimen und auf Campingplätzen geschaffen, um die Häufigkeit des „FDGB-Urlaubs" zu steigern, also der subventionierten, von den Gewerkschaften organisierten Urlaubsreise. Die Angebote für einen der Erholung dienenden Urlaub nahmen Impulse aus der sich international entwickelnden Tourismusindustrie auf. Ähnliches galt für den Ausbau von Naherholungsgebieten und die systematische Erschließung des urbanen Umfeldes für Laubenkolonien. *Günter Gaus* (von 1973 bis 1981 Ständiger Vertreter der Bundesrepublik in der DDR) bezeichnete diese Wochenendkultur als „Nische" und verstand sie als einen zunehmenden Rückzug von politischen Forderungen nach gesellschaftlicher Aktivität. Der Staat blieb aber präsent. Er schuf zum einen die infrastrukturellen Voraussetzungen, und zum anderen stellte er die notwendigen Ausrüstungsgegenstände wie Zelte, Gartenlauben und Rasenmäher bereit. Dies könnte man als die planerische Seite des Lebensweisekonzeptes bezeichnen. Die „Nische" wurde offizieller Teil des DDR-Sozialismus.

Ludwig, Andreas: „Übereinstimmung", „Teilhabe" und „Zufriedenheit" – Die sozialistische Lebensweise. In: Dokumentationszentrum Alltagskultur der DDR: Alltag: DDR. Geschichten, Fotos, Objekte, Links. (Begleitbuch zur Dauerausstellung in Eisenhüttenstadt) Berlin 2012, S. 280

1. Beschreibe genau, was mit der „Nische" gemeint ist und welcher Einfluss dem Staat zukam.
2. Diskutiert, ob sich dieses Verhältnis auch in anderen Gesellschaften als der DDR finden lässt.

M3 „Die Arbeiter waren das symbolische Zentrum der Macht"

Klaus Dörre, Professor für Soziologie in Jena, über eine sehr stark vom Ideal der Arbeit geprägte Gesellschaft im Interview mit der Wochenzeitung „Die Zeit":

ZEIT ONLINE: Nur wer Arbeit hatte, galt etwas?

Dörre: Nicht, wer Arbeit hatte, sondern wer sich als Arbeiter definieren konnte. Man nennt das auch eine arbeiterliche Gesellschaft. Alle mussten sich in der DDR auf irgendeine Art als Arbeiter definieren und legitimieren, sonst gehörten sie nicht dazu. Schauspieler nannten sich beispielsweise Kulturarbeiter. Die Produktionsarbeiter aber im traditionellen Sinn, mit all den männlichen Bildern, die mit ihrer Arbeit verknüpft sind, dem starken Arm und so weiter – sie waren das symbolische Zentrum der Macht.

ZEIT ONLINE: Das klingt jetzt sehr abstrakt.

Dörre: Für die Arbeiter hatte das ganz praktische Folgen. Es gibt die Geschichte eines Lkw-Fahrers, die das sehr schön zeigt. Vor der Wiedervereinigung arbeitete er in einem Steinbruch und seine Brigade musste innerhalb einer bestimmten Zeit ein bestimmtes Plansoll erfüllen. Sie waren aber viel schneller fertig. Den Rest der Zeit hätten sie gefeiert, sagt er: „Wir hatten ein schönes Leben."

Die Stärke der Arbeiter bestand darin, dass sie in gewisser Weise Einfluss auf die eigenen Arbeitsbedingungen nehmen konnten. Es tauchten ja ohnehin immer wieder Mängel auf, und es gab wenige Hebel, um die Leute zu disziplinieren. In einem modernen kapitalistischen Betrieb sind solche Ineffizienzen unvorstellbar.

ZEIT ONLINE: Geht es nur um das Gemeinschaftsgefühl? Zusammen feiern könnte man doch immer noch. Durch die Arbeit definierte man sich und war Teil der Gemeinschaft. Wenn man arbeitslos wurde, war plötzlich alles weg.

Dörre: Der Punkt ist, dass die Erwerbsarbeit im Mittelpunkt des Lebens stand – und dass deshalb auch die Feiern am Arbeitsplatz stattfanden, wie überhaupt das ganze soziale Leben. Die Arbeit war das Wichtigste; durch sie definierte man sich und war Teil der Gemeinschaft. Wenn man dann arbeitslos wurde, war plötzlich alles weg. Das ist ein enormer Schock. Es bedeutet nicht nur ökonomische Schwierigkeiten und den sozialen Abstieg. Wer keine Arbeit habe, sei kein Mensch, hat mir eine sozialdemokratische Landrätin einmal gesagt.

Endres, Alexandra: „Die Arbeiter waren das symbolische Zentrum der Macht". Interview mit Klaus Dörre. In: Die Zeit. 5.11.2014.

1. Stelle die Merkmale der „arbeiterlichen Gesellschaft" zusammen.
2. Erkläre, wieso die Arbeiter eine besondere Macht in der DDR hatten und dies für praktische Vorteile nutzen konnten.
3. Entwirf eine Gegenrede in Auseinandersetzung mit der Meinung der Landrätin.

M4 Arbeits- oder Freizeitgesellschaft?

Der Kulturhistoriker Gerd Dietrich charakterisiert das normale Leben in der DDR, das vor allem durch die Arbeit geprägt wurde.

Von den etwa 8,6 Mio. Beschäftigten in der DDR (1978) fielen 89 Prozent unter die Rubrik Arbeiter und Angestellte. Fast alle Menschen in der DDR lebten von der eigenen Arbeit, verrichteten „Arbeit für sich", arbeitsteilig bzw. individuell. Auch im Hinblick auf die Lebensweise entwickelte sich eine „Gesellschaft der Produzenten" (Karl Marx). Die starke Bindung der Lebensweise an den Arbeitszusammenhang diente auch der Abgrenzung von den westlichen Gesellschaften, die sich eher als Freizeitgesellschaften verstanden. In der DDR hingegen waren Arbeit, Arbeitszeit und Freizeitverhalten nicht so strikt voneinander getrennt. Nach 1990 entspann sich eine Diskussion darüber, welche Auswirkungen die Abwesenheit des Bürgertums bei gleichzeitiger Tradierung bürgerlicher Werte auf die kulturellen Milieus und den Charakter der Lebensweise hatte.

[Die These] von der „arbeiterlichen Gesellschaft" gibt eine eigene Antwort [...]: Gemessen am Aristokraten wie am Bürger, „erscheint der arbeiterliche Mensch als wahres Glückskind der Geschichte. Er musste nichts sein, um etwas zu werden, nichts werden, um etwas zu sein, denn alles, was er sein und werden konnte, war er bereits: ein anerkanntes Mitglied des Gemeinwesens. Er war ökonomisch unabhängig, existentiell von vornherein gesichert und wusste vom Kampf um soziale Anerkennung nur vom Hörensagen". Diese arbeiterliche Gesellschaft, „die gewöhnliche Menschen mit nie gekannten sozialen Freiheiten ausstattete, organisierte zugleich deren Missbrauch [...]" (Olaf Engler).

Dietrich, Gerd: Kulturgeschichte der DDR, Bd. 3, Kultur in der Konsumgesellschaft 1977–1990. Göttingen 2018, S. 1621 f.

1. Stelle aus M4 die Merkmale der westlichen und der östlichen Gesellschaft gegenüber.
2. Diskutiert die zitierte Auffassung, der „arbeiterliche Mensch" in der DDR sei ein „wahres Glückskind der Geschichte" gewesen.

M1 Sozialistische Kunst – Der Weg der roten Fahne (1969)

Das 30 mal 10 Meter große Wandbild „Der Weg der roten Fahne" an der Westseite des Kulturpalastes in Dresden. Es wurde 1969 von Gerhard Bondzin (1930–2014) und der Arbeitsgemeinschaft der Hochschule für Bildende Künste in Dresden geschaffen.

Gerhard Bondzin und Kollektiv: Der Weg der roten Fahne, 1969, 11x30m

1. Beschreiben Sie das Kunstwerk möglichst detailreich und erklären Sie den Bildtitel.
2. Erläutern Sie die gewünschte politische Wirkung von Wandbildern in der DDR.
3. Nehmen Sie Stellung, ob diese Kunstform heute noch denkmalgeschützt sein sollte.

M2 Kunst in der alten und der neuen Gesellschaft (1951)

Aus einem Zeitungsartikel (DDR):

Entartung und Zersetzung sind charakteristisch für eine ins Grab steigende Gesellschaft. Für eine aufsteigende Klasse, die vertrauensvoll in die Zukunft blickt, sind Optimismus und das Streben charakteristisch, die inneren Kräfte, den Adel und die Schönheit einer neu entstehenden Gesellschaftsordnung, die neuen Beziehungen zwischen den Menschen und den neuen Menschen selbst darzustellen. Das Schöne ist das Leben, das freie Leben eines Volkes, das eine neue Gesellschaft aufbaut – das ist die Devise der Ästhetik einer echt demokratischen Kunst. [...]

Der Kampf gegen jeglichen Einfluß der westlichen Dekadenz und des Kultes des Häßlichen in der Kunst der DDR ist eine wichtige gesellschaftliche Aufgabe. Man darf die Arbeiteraktivisten oder die Menschen, die von der Arbeiterklasse und dem Volk zur Führung des neuen demokratischen Staates berufen worden sind, nicht als mißgestaltet und primitiv darstellen. Man darf sich nicht darauf verlassen, daß die Arbeiter und Bauern „alles schlucken", daß für sie „alles gut genug" ist, zumal doch die entartete „Kunst" von den „Autoritäten" der zerfallenden bürgerlichen Gesellschaft sanktioniert ist. Weit richtiger ist die Annahme, daß die Arbeiterklasse und die Werktätigen der DDR vor keinen „Autoritäten" Halt machen und in sich selbst Kraft genug finden werden, um eine derartige volksfeindliche „Kunst" aus dem Wege zu räumen.

Orlow, Nikolai: Wege und Irrwege moderner Kunst. In: Tägliche Rundschau, 20./21.1.1951.

1. Stellen Sie die Position zur „alten" und „neuen" Kunst heraus.
2. Sogenannte „entartete Kunst" wurde während der NS-Diktatur bekämpft. Vergleichen Sie damit die Akzentuierung des Autors.
3. Erörtern Sie, inwieweit diese Vorstellungen eine längere Bedeutung in der DDR hatten.

M3 Die Leipziger Beat-Demonstrationen (1965) – Musikkultur nach Walter Ulbricht

Am 11. Oktober 1965 führte Erich Honecker einen Beschluss gegen die Anhänger der Beat-Musik herbei und beendete die „Duldung der westlichen Unkultur". So wurden u. a. in Leipzig 44 der 49 Amateurgruppen verboten. Gegen diesen staatlichen Willkürakt demonstrierten am 31. Oktober 1965 mehrere hundert Jugendliche auf dem Leipziger Leuschnerplatz, 267 wurden festgenommen. Walter Ulbricht, der Staatsratsvorsitzende, an die SED-Funktionäre zu den Konsequenzen:

Überprüfungen von festgenommenen Ruhestörern haben ergeben, daß die Anführer zum Teil Arbeitsbummelanten und asoziale Elemente sind, die ihren Lebensunterhalt durch Diebstahl und auf andere ungesetzliche Weise bestreiten. Die Anführer der Ausschreitungen sind sofort in Arbeitslager eingewiesen worden. Die in der Nacht vom 31. Oktober zum 1. November 1965 in Leipzig verteilten Zettel, die sich gegen ein angebliches Verbot der Beat-Musik richteten, und mit denen zu weiteren Ausschreitungen aufgefordert wurde, bestätigen erneut, daß mit Hilfe der so genannten Beat- und Gammler-Gruppen ideologische Zersetzungsarbeit geleistet werden soll.

Angesichts dieser Vorkommnisse ist es erforderlich, die ideologische Arbeit der Partei und der FDJ sowie anderer Massenorganisationen unter der Jugend zu verstärken. Es war falsch, daß von Seiten des Zentralrates der FDJ der Wettbewerb von Beat-Gruppen organisiert und die Auffassung verbreitet wurde, daß im Unterschied zu Westdeutschland Westschlager und Beat-Musik bei uns keine schädliche Wirkung hervorrufen können. [...]

Die Erfahrungen von Leipzig lehren, daß es notwendig ist, den Entzug von Lizenzen für Musik-Gruppen durch die Räte der Kreise differenzierter durchzuführen, und sie zeigen des weiteren, daß es erforderlich ist, bei Beginn von Zusammenrottungen die Anführer von Rowdygruppen festzunehmen und sie den Gerichten zu übergeben und solche Anhänger, die keiner ordentlichen Arbeit nachgehen, anständiger Arbeit zuzuführen.

Schreiben von Walter Ulbricht an die 1. Sekretäre der Bezirksleitungen der SED vom 3.11.1965. Aus: Rauhut, Michael: Beat in der Grauzone. DDR-Rock 1964 bis 1972 – Politik und Alltag, S. 145 f.

1. Geben Sie den Vorfall und die gewünschten Maßnahmen wieder und ordnen Sie diese in die DDR-Geschichte in den 1960er Jahren ein.
2. Erläutern Sie die Schwierigkeiten der SED-Führung mit der westlichen Popkultur im Text und darüber hinaus.
3. Zensur gilt als Merkmal von Diktaturen. Beurteilen Sie, wie die SED-Führung damit umgegangen ist.

M4 Jugendklubs in der DDR der 1980er Jahre

Der Kulturhistoriker Gerd Dietrich berichtet über die Situation in den nach 1980 von der SED-Führung eingerichteten Jugendklubs:

Die Zahl der Jugendklubs stieg zwischen 1980 und 1988 von 5.700 auf 10.500 mit über 530.000 Plätzen an. Ihre Angebote waren kostenlos bzw. für ein geringes Entgelt von allen Jugendlichen zu nutzen. Im Prinzip sollte auch in jeder Schule ein Schulklub eingerichtet werden. In der Mitte der Achtziger registrierte man rund hundert Mio. Diskothekenbesucher. Und gegen alle Versuche „gestalteter Diskotheken" setzten sich in den Klubs und Gaststätten „weitgehend Formate durch, die durch eine bestimmte Musikrichtung und einen bestimmten Präsentationsstil auf unterschiedliche Alters- und Geschmacksgruppen ausgerichtet waren. Discjockeys waren dann zum Beispiel Spezialisten für aktuellen Pop, Hardrock und Oldies, andere hatten sich auf Betriebsfeierlichkeiten, Dorffeste, Ferienorte oder Kinderdiskotheken spezialisiert". Ihr Programm richtete sich also weitgehend nach der Zusammensetzung und den Interessen des Publikums. Das wollte die internationalen Hits hören und setzte die Eigenlogik des Populären durch. Da blieb auch den Discjockeys nichts Anderes übrig, als Ordnungswidrigkeiten am laufenden Band zu begehen, denn die 60:40-Regel galt noch immer. Allein mit der beliebten und liedhaften DDR-Rockmusik und den wenigen osteuropäischen Stars waren die sechzig Prozent nicht abzudecken.

Dietrich, Gerd: Kulturgeschichte der DDR, Bd. 3, Kultur in der Konsumgesellschaft 1977–1990. Göttingen 2018, S. 1645 f.

1. Erschließen Sie das jugendpolitische Ziel der SED hinter den genannten Maßnahmen und erklären Sie dabei den Sinn der 60:40-Regel.
2. Stellen Sie die Realität der Jugendklubs dagegen und begründen Sie den Unterschied. Erörtern Sie auch die Möglichkeit eines anderen (härteren oder weicheren) Kurses in der Jugendpolitik.

M1 Entbürgerlichung

Der Historiker Konrad Jarausch über Akademiker in der DDR:

Zu den Intellektuellen hatte die SED ein eher ambivalentes Verhältnis, da sie diese zwar für den Aufbau brauchte, deren Unabhängigkeit aber misstraute. Anfangs setzte die Partei auf die Überzeugungskraft der marxistischen Weltanschauung, auf moralische Aufbauappelle an ältere Akademiker und auf den sozialen Aufstiegswillen jüngerer Spezialisten. [...] Um der Flucht von Wissenschaftlern, Ingenieuren und Ärzten Einhalt zu gebieten, bot die SED ein „differenziertes Privilegiensystem" für die Angehörigen der „Intelligenz" an, das sie durch Sondergehälter, Einzelverträge und offizielle Anerkennung bei der Stange halten sollte. Im Parteiapparat waren es dagegen eher die Aufstiegschancen, die Gelegenheiten, Autorität auszuüben, die Möglichkeiten der Gestaltung, die neben überzeugten Funktionären eine Schar von Mitläufern anzogen. [...]

Aufgrund dieser Maßnahmen war Ende der fünfziger Jahre der Prozess der erzwungenen Entbürgerlichung daher weitgehend abgeschlossen. In politischer Hinsicht war die DDR ein (von der SED) „durchherrschter" Staat geworden, in dem demokratische Bürgerrechte ausgehöhlt waren und die Blockparteien trotz leichter Stilunterschiede keine echte Alternative mehr darstellten. In sozialer Perspektive war die ostdeutsche Gesellschaft gleichsam „stillgelegt" worden, indem ihre Klassenunterschiede durch Enteignungen und Austreibungen in den Westen nivelliert worden waren, so dass nur in evangelischen Pfarrhäusern, bei einigen Akademikern und den bis 1972 unabhängigen Handwerkern noch einige bürgerliche Reste zu finden waren, die kaum mehr Gestaltungskraft besaßen. Im organisatorischen Bereich hatten die kommunistisch geführten Massenorganisationen ein Monopol errichtet, so dass sogar Sportvereine und Kleingartengruppen SED-gelenkt waren, also außer in den bedrängten Kirchen kein Raum mehr für eine selbständige Zusammenarbeit bestand.

Jarausch, Konrad: Die Umkehr. Deutsche Wandlungen 1945–1995. München 2004, S. 254, 256

M2 Stillschweigender Minimalkonsens

Die [...] Stabilität der SED-Herrschaft beruhte [...] auf einem stillschweigenden Minimalkonsens zwischen Regime und Bevölkerung. Dieser schloss die Unumstößlichkeit bestimmter Wertorientierungen und Zielvorgaben ein: Frieden, und zwar um jeden Preis; soziale Sicherheit und Wohlstandsentwicklung, die an der westlichen, nicht an der sowjetischen Wirklichkeit zu messen war; die Kleinfamilie als Kernbereich des individuellen Alltags; Erfüllung und Entfaltung der Persönlichkeit im Arbeitsleben, und zwar für alle, auch für Frauen; schließlich die Wertschätzung von Ordnung, Sauberkeit, Ruhe und Anstand, gerade auch im Nahbereich von Familie und Nachbarschaft.

Dieser Minimalkonsens musste „stillschweigend" bleiben. Es konnte nicht öffentlich zur Sprache gebracht werden, dass das SED-Regime im Höchstfall auf bis zu 20 Prozent der Bevölkerung als innerlich überzeugte Unterstützer rechnen konnte, also nie die Mehrheit der Bevölkerung auf seiner Seite hatte. Ebenso wenig war es möglich, mit der verbleibenden Mehrheit in aller Form die Minimalanforderungen des Projekts „DDR" abzüglich seiner kommunistischen Utopiekomponente auszuhandeln. [...]

Gleichzeitig gingen immer mehr DDR-Bürger dazu über, dieses der DDR innewohnende Prinzip der „Diktatur der Grenzen" samt und sonders in Frage zu stellen, und dies unmissverständlich und in den meisten Fällen unverhandelbar. Die Rede ist von den Antragstellern auf Ausreise aus der DDR. Der dramatische Anstieg ihrer Zahlen vor allem in den 1980er Jahren zeigt, dass die Mühen, sich in diesem Land sinnvolle Lebensperspektiven zu erarbeiten, immer häufiger frustriert wurden, weil immer weniger funktionierte. [...] Um das im Eingangsmotto evozierte Bild aufzugreifen: Es stellte sich bei immer mehr Menschen die Gewissheit ein, dass die „Schwalbe" (so der Name des heute Kultstatus genießenden DDR-eigenen Mopeds) einfach zu langsam war, um selbst in diesem kleinen Land ordentlich voranzukommen. Auch die zweite Hälfte des Lebens unter diesen eingeengten Bedingungen in diesem kleinen Land zu verbringen, wurde immer mehr DDR-Bewohnern und -Bewohnerinnen ein unerträglicher Gedanke, und zwar nicht nur Intellektuellen, Künstlern und anderen Großstadtmenschen, sondern gerade auch Krankenschwestern und LKW-Fahrern, Ingenieuren und Konsumverkäuferinnen in der Provinz.

Lindenberger, Thomas: Das Land der begrenzten Möglichkeiten. Machträume und Eigen-Sinn der DDR-Gesellschaft. In: Deutschland Archiv: 10.8.2016, www.bpb.de/232099 (8.9.2020)

1. Stellen Sie nach M1 die Umstände der „Entbürgerlichung" in der DDR zusammen.
2. Erläutern Sie nach M2 den „Minimalkonsens" in der DDR-Gesellschaft und erklären Sie den Anstieg der Ausreiseanträge am Ende der 80er Jahre.
3. Nehmen Sie Stellung, inwieweit Lindenbergers Formulierung „Diktatur der Grenzen" in M2 auch für Jugendliche überzeugend war.

Literatur, Quellen, Websites

Zur theoretischen Einführung in die Alltagsgeschichte

Lindenberger, Thomas: „Alltagsgeschichte“ – oder: Ein Rückblick auf die Anfänge der neuen Zeitgeschichte. In: Danyel, Lindenberger u. a. (Hg.): 50 Klassiker der Zeitgeschichte. Göttingen 2007, S. 204–208

Zorn, Wolfgang: Alltagsgeschichte. Konjunkturen und bleibende Aufgaben. In: Schulz, Günther u. a. (Hg.): Sozial- und Wirtschaftsgeschichte. Arbeitsgebiete – Probleme – Perspektiven. Stuttgart 2005, S. 325–344

Zur Alltagsgeschichte der DDR

Ahbe, Thomas/Hofmann, Michael: „Eigentlich unsere beste Zeit“. Erinnerungen an den DDR-Alltag in verschiedenen Milieus. In: Aus Politik und Zeitgeschichte B17, 2002, S. 13–22

Dietrich, Gerd: Kulturgeschichte der DDR, 3 Bde. Göttingen 2018

Dokumentationszentrum Alltagskultur der DDR: Alltag: DDR. Geschichten, Fotos, Objekte, Links. (Begleitbuch zur Dauerausstellung in Eisenhüttenstadt) Berlin 2012. Darin besonders: Elke Kimmel: Hauptsache Arbeit, S. 229–232; Andreas Ludwig: „Übereinstimmung“, „Teilhabe“ und „Zufriedenheit“ – Die sozialistische Lebensweise, S. 277–281

Fulbrook, Mary: Ein ganz normales Leben. Alltag und Gesellschaft in der DDR. Darmstadt 2008

Hachtmann, Rüdiger: „Durchherrschte Gesellschaft“. Die DDR in sozialgeschichtlicher Perspektive. In: Danyel, Jürgen u. a. (Hg.): 50 Klassiker der Zeitgeschichte. Göttingen 2007, S. 230–234

Handro, Saskia: Alltagsgeschichte. Alltag, Arbeit, Politik und Kultur in SBZ und DDR. Schwalbach/Ts. 2004

Jarausch, Konrad H.: Die Umkehr. Deutsche Wandlungen 1945–1995. München 2004

Jarausch, Konrad H.: Fürsorgediktatur. Version: 1.0. In: Docupedia-Zeitgeschichte, 11.2.2010 (http://docupedia.de/zg/F.C3.BCrsorgediktatur?oldid=130612)

Kirsch, Manfred: Die Marken bitte! Konsumgeschichten, 2. Aufl. Berlin 2005

Kocka, Jürgen: Eine durchherrschte Gesellschaft. In: Kaelble, Hartmut u. a. (Hg.): Sozialgeschichte der DDRStuttgart 1994, S. 547–553.

Lindenberger, Thomas: Die Diktatur der Grenzen. Zur Einleitung. In: ders. (Hg.): Herrschaft und Eigen-Sinn in der Diktatur. Studien zur Gesellschaftsgeschichte der DDR. Köln 1999

Lindenberger, Thomas: Das Land der begrenzten Möglichkeiten. Machträume und Eigen-Sinn der DDR-Gesellschaft. In: Deutschland Archiv: 10.8.2016 (www.bpb.de/232099)

Mühle, Susanne u. a. (Hg.): Die DDR im Blick. Ein zeithistorisches Lesebuch. Im Auftrag der Bundesstiftung zur Aufarbeitung der SED-Diktatur. Berlin 2008

Rusch Claudia: Meine freie deutsche Jugend. Frankfurt/M. 2003

Vollnhals, Clemens/Weber, Jürgen (Hg.): Der Schein der Normalität. Alltag und Herrschaft in der SED-Diktatur. München 2002

Wolle, Stefan: Die DDR. Eine Geschichte von der Gründung bis zum Untergang, 3 Bde. Berlin 2014: Der große Plan. Alltag und Herrschaft in der DDR 1949–1961 (Original 1998/2009); Aufbruch nach Utopia. Alltag und Herrschaft in der DDR 1961–1971 (Original 2011); Die heile Welt der Diktatur. Herrschaft und Alltag in der DDR 1971–1989 (Original 2013)

Internetressourcen

Mauerfall, Wiedervereinigung, Arbeitslosigkeit, Demokratie, Die Zeit, 5.11.2014 (https://www.zeit.de/wirtschaft/2014-11/mauerfall-wiedervereinigung-arbeitslosigkeit-demokratie)

Ostzeit – Geschichten aus einem vergangenen Land. OSTKREUZ Agentur der Fotografen, 2009 (http://www.bpb.de/geschichte/deutsche-geschichte/ostzeit/)

„Too much future – Punk in der DDR“, hg. v. Bundeszentrale für politische Bildung und Robert-Havemann-Gesellschaft e. V. (www.jugendopposition.de/145334)

Unterrichtspraktische Materialien

Alltag im geteilten Deutschland, Geschichte lernen 147, 2012

BR-D-DR: achtziger Jahre, Praxis Geschichte 3, 2000

DDR, Geschichte lernen 111, 2006

Geteiltes Land – geteiltes Leben, Praxis Geschichte 3, 2005

Janowitz, Axel: Alles unter Kontrolle? Die DDR-Staatssicherheit. Schwalbach/Ts. 2014

Schneider, Harald/Woidt, Hans: Sind wir das Volk? Simulationsspiel zur Geschichte der Bürgerbewegung in der DDR. Schwalbach/Ts. 2014